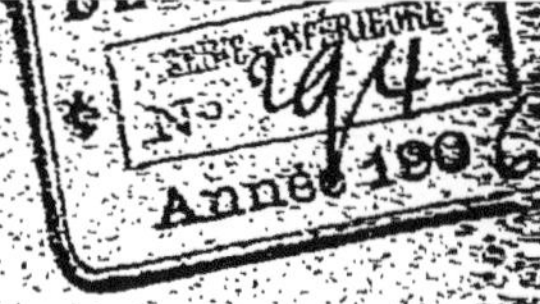

Notice biographique

sur

M. Gabriel Genevrière

Agent Voyer en chef de la Seine-Inférieure

par

Honoré Saunier

Agent Voyer d'arrondissement

Chef des bureaux de l'Agent Voyer en chef

Rouen

Imprimerie-Librairie Léon Gy

rue des Basnage, 5

1906

Notice biographique

sur

M. Gabriel Genevrière

Agent Voyer en chef de la Seine-Inférieure

par

Honoré Saunier

Agent Voyer d'arrondissement

Chef des bureaux de l'Agent Voyer en chef

Rouen

Imprimerie-Librairie Léon Gy

rue des Basnage, 5

1906

NOTICE BIOGRAPHIQUE

SUR

M. GABRIEL GENEVRIÈRE

Agent voyer en chef de la Seine-Inférieure.

E Service vicinal tout entier vient d'éprouver une perte inappréciable en la personne de M. Genevrière, agent voyer en chef de la Seine-Inférieure, décédé subitement à Rouen au milieu des siens, le 23 février dernier, à l'âge de cinquante-sept ans.

La carrière exceptionnellement brillante de ce chef de service, la rare énergie et la puissance prodigieuse de production dont il était doué, les services considérables qu'il a rendus à la cause vicinale, nous font un devoir — auquel s'allie un sentiment plus intime de gratitude — de tenter de faire l'esquisse des belles périodes de son existence.

Cette vie pleine d'épisodes parfois émouvants, toujours instructifs, doit rester pour nous tous, agents voyers, sinon un modèle, du moins un idéal.... Elle montre une fois de plus à ceux, trop nombreux, hélas ! qui ne savent pas surmonter l'amertume des débuts, que le travail obstiné, le dur labeur permet aux plus humbles d'arriver aux sommets les plus élevés de la hiérarchie.

M. Genevrière, né le 20 février 1849 à Paris, au n° 54 de la rue Saint-Honoré, eut des débuts tout particulièrement pénibles. Ses parents, qui tenaient un petit commerce de parapluies, avaient une situation des plus modestes qui était bien loin de leur permettre de faire donner à leurs enfants une éducation complète, et encore moins de leur assurer un brillant avenir.

En 1862, étant élève de l'école des frères de Saint-Roch, rue d'Argenteuil, il prit part avec succès au concours général des écoles primaires de Paris et obtint une bourse à l'École municipale Turgot, où il entra au mois d'octobre.

Dès la première année, il se fit remarquer par son travail, ainsi que l'atteste la mention « bons livrets » retrouvée dans les archives de l'École, puis passa successivement en deuxième, troisième, enfin en quatrième année (1865), se classant toujours parmi les premiers de chaque promotion.

A ce moment, ses dispositions toutes spéciales en mathématiques et en dessin, sa vive intelligence et sa ténacité firent augurer de plus grands succès et le désignèrent nettement pour Centrale. Mais il était trop jeune pour concourir, et, d'autre part, ses quatre années d'école étant terminées, sa famille manifestait la volonté de le reprendre, sachant bien qu'elle ne pourrait pas subvenir aux frais d'enseignement et d'études d'un élève-ingénieur, frais qui atteignent à eux seuls près de 4.000 francs.

Son directeur, M. Marguerin, qui avait pour lui une grande amitié et comptait obtenir une bourse en sa faveur, fit tant et si bien qu'il put conserver son protégé une année de plus, augmentant ses chances de réussite et décidant ainsi de son avenir. Quelques mois après, en effet, le jeune Genevrière — il avait dix-huit ans — était déclaré admissible avec le numéro 75 à l'Ecole Centrale, où il entra en novembre 1867, non sans avoir glané un dernier laurier à Turgot en remportant le prix de l'Association des Anciens Elèves, suprême récompense de l'Ecole.

Mais ce beau succès, qui eût comblé de bonheur un étudiant plus fortuné, fut pour lui une source de difficultés, d'ennuis et de tracas. Nous l'avons dit, ses parents ne pouvaient l'aider que bien faiblement ; or, malgré les nombreuses et pressantes démarches tentées par des personnes qui s'intéressaient à lui, il n'obtint pas la bourse sur laquelle il comptait et que son directeur avait le ferme espoir de lui faire accorder, tant le cas lui paraissait digne d'intérêt. Il se trouvait, par suite, engagé dans une impasse, sans chance apparente d'en sortir autrement qu'en abandonnant tout.

Un caractère moins trempé eût été découragé devant l'obstacle, infranchissable à première vue, qui se dressait ainsi brusquement, déjouant les généreuses combinaisons échafaudées par des protecteurs plus dévoués que puissants ; mais son esprit, mûri par le travail de la pensée et surtout par l'exemple de la lutte pour l'existence qui, chaque jour, se renouvelait à ses yeux dans sa famille, devait puiser, dans la grandeur même de l'effort à tenter, un stimulant assez puissant pour lui permettre de surmonter toutes les difficultés. Il manquait d'argent pour payer ses frais d'études ! eh bien, il allait en gagner !..... Et chaque soir, dès la sortie de l'Ecole Centrale, il parcourait Paris pour donner des répétitions de mathématiques soit à l'Association polytechnique, soit à de jeunes élèves de Turgot ; et c'était seulement après avoir terminé cet obsédant labeur qu'il rentrait chez lui pour prendre ses repas, puis travailler bien avant dans la nuit ses cours de Centrale.

Nous avons le ferme espoir qu'on nous pardonnera d'avoir soulevé un coin du voile de la vie privée de notre ancien chef. Dans l'intérêt de ceux qui peinent et n'ont plus foi en l'avenir — ils sont plus nombreux qu'on ne suppose, — nous avons cru utile de signaler un exemple aussi réconfortant, susceptible de faire renaître l'espoir dans les cœurs aigris et trop tôt découragés. Tel a été notre seul but.

Les années d'études à Centrale s'écoulèrent ainsi dans une existence en partie double pour le vaillant élève-ingénieur. Bien que s'assimilant avec facilité et indistinctement les sciences pures, il avait des notes plus spécialement bonnes dans l'étude des projets, c'est-à-dire dans la mise en application des principes enseignés dans les cours; cette particularité montrait bien en lui l'homme d'action par excellence qu'il fut pendant toute sa vie : ne prenant de la théorie, aride et parfois obscure, que juste ce qu'il en fallait pour guider son sentiment inné de la pratique, son esprit naturellement inventif et surtout épris de la simplicité, de la clarté et de l'exactitude. Nous aurons l'occasion d'en citer des preuves particulièrement intéressantes.

La fin de la troisième année d'études (1870) fut troublée au mois de juillet par un événement considérable : la guerre avec la Prusse. Tous les élèves étaient alors en pleine élaboration du projet final ou projet du concours de sortie, travail long et difficile qui avait alors une influence beaucoup plus grande qu'aujourd'hui dans le classement définitif. C'était, nous venons de le dire, la partie où l'élève Genevrière montrait une réelle supériorité.

En raison de la guerre, ce projet resta inachevé et n'entra pas en ligne de compte dans le classement de sortie des élèves de troisième année, qui furent licenciés presque immédiatement. Malgré cet incident, qui lui fit perdre tout l'avantage qu'il aurait pu tirer de cette composition, le jeune Genevrière sortit — à vingt et un ans — avec le numéro 49 et le diplôme d'Ingénieur dans la spécialité des constructeurs. C'était la juste récompense de ses laborieux efforts.

Les circonstances ne lui permettaient pas de prendre un repos qui eût été cependant de toute nécessité après ces trois années d'un surmenage continu et dont les effets devaient malheureusement avoir, par la suite, une profonde influence sur sa santé et sur son caractère. Comme ses camarades de promotion, il partit sous les drapeaux et s'engagea pour la durée de la guerre, le 26 juillet 1870; il fut incorporé au 7e bataillon de la garde mobile.

Rappelons ici qu'au début de l'investissement de Paris, l'Association des Anciens Elèves de l'Ecole Centrale se transforma en une sorte de Comité de défense, organisa le corps du Génie volontaire formé par décret du 22 septembre 1870, fournit des officiers auxiliaires d'artillerie et des électriciens, organisa des ateliers de réparation d'armes et de fabrication de canons et de projectiles, etc.

Durant le siège, M. Genevrière servit comme sous-lieutenant du Génie civil affecté à l'un des secteurs des remparts, puis obtint après examens le grade de sous-lieutenant d'artillerie au titre auxiliaire. Le 14 octobre 1870, il fut affecté en cette qualité au 16e régiment d'artillerie-pontonniers, à Courbevoie d'abord, ensuite au corps du général d'Exéa, où il prit part aux combats sur la Marne et fut blessé. Il fut renvoyé dans ses foyers avec son grade, le 31 mars 1871.

Rendu à la vie civile, M. Genevrière ne se fixa pas immédiatement, et cela n'est pas pour surprendre, étant donné le désarroi général provoqué par la terrible épreuve qui venait de bouleverser la France.

Il fit un court stage, comme dessinateur, à la Compagnie des chemins de fer de l'Ouest, passa ensuite au même titre chez MM. Geneste et Herscher, grands constructeurs d'appareils de chauffage, où il resta peu de temps. En mai 1872, il entra au service de la Compagnie des chemins de fer des bassins houillers du Hainaut, comme dessinateur au bureau central de Paris, 51, rue de la Chaussée-d'Antin. Il fut détaché en mars 1873 et placé comme chef de section sous la direction de M. l'ingénieur Chevalier — aujourd'hui ingénieur en chef de la Compagnie des chemins de fer départementaux, — d'abord au service des études d'une ligne de Saint-Calais à Romorantin, dépendant de la Compagnie d'Orléans à Rouen; puis, en mars 1874, au service de construction d'une ligne du Blanc à La Châtre, dépendant de la Compagnie de Bressuire à Poitiers; toutes ces compagnies faisant partie du groupe des affaires Philippart. Il quitta la Compagnie du Hainaut en août 1874, par suite de cessation d'emploi, et muni d'un certificat élogieux.

Un poste important lui fut proposé au Ministère de l'Intérieur vers cette époque; mais, pour des raisons personnelles, il déclina cette offre. Enfin, sur les conseils qui lui furent donnés, il postula, au commencement de 1875, pour un emploi d'agent voyer dans la Sarthe et fut nommé, le 15 mars de la même année, agent voyer cantonal de première classe au Mans. Il avait trouvé là sa vraie voie et n'allait pas tarder à en donner la preuve d'une façon éclatante.

Ouvrons ici une courte parenthèse pour rappeler que le Service vicinal de la Sarthe était alors dirigé par M. l'agent voyer en chef Delanney, officier de la Légion d'honneur. Ce chef éminent venait de la Seine-Inférieure où ses qualités lui avaient valu un avancement des plus rapides. Nommé agent voyer cantonal à Pavilly le 15 novembre 1848, à vingt-deux ans et demi, il était passé agent voyer d'arrondissement au Havre le 1er décembre 1850, puis agent voyer en chef de la Sarthe le 1er janvier 1854. Il devint par la suite inspecteur général de la vicinalité.

Dès les débuts, M. Delanney reconnut les dispositions tout exceptionnelles de son jeune collaborateur ; aussi lui confia-t-il au bout de quelques mois — le 1er octobre de la même année — un poste d'agent voyer d'arrondissement de deuxième classe à Mamers, où il resta jusqu'au 31 décembre 1876.

Cette courte période de vingt et un mois suffit à M. Genevrière pour s'assimiler entièrement toutes les particularités du service vicinal. Nul doute, d'ailleurs, que la direction éclairée sous laquelle il fit son apprentissage de la vicinalité ne lui ait grandement facilité la tâche.

L'agent voyer en chef de l'Ain, M. Lombard, ancien conducteur des Ponts-et-Chaussées, vint à décéder subitement à l'époque même où une discussion très vive venait de s'ouvrir au sujet du déclassement des routes départementales et de la fusion des services de voirie; la situation exigeait que le vide fût comblé au plus vite par un agent suffisamment armé pour soutenir avec vigueur et succès la campagne déjà engagée à fond. Ce fut aussi l'avis du Ministre de l'Intérieur ; à une consultation du Préfet de l'Ain, M. d'Huart, qui hésitait à donner immédiatement un successeur à M. Lombard, il fut répondu « qu'il y « aurait de sérieux inconvénients à laisser le Service « vicinal sans direction pendant plusieurs mois, et que, « précisément parce que la question de réorganisation « devait être posée à nouveau, il importait que ce service

« fût représenté par l'un des agents choisis parmi les plus « capables. »

M. Delanney, comme tous les chefs vraiment dignes de ce nom, qui mettent l'avenir de leurs subordonnés au-dessus de leur propre intérêt, n'hésita pas à désigner son jeune agent voyer d'arrondissement de Mamers pour le poste vacant, et à se priver ainsi des services d'un collaborateur précieux.

Le 8 janvier 1877, M. Genevrière était nommé agent voyer en chef de l'Ain au traitement de 4,800 francs. Il avait à peine vingt-huit ans.

Il faudrait une plume plus vive et plus experte que la nôtre pour retracer avec tout le brio que mérite le sujet, les péripéties de la véritable lutte qui s'engagea entre le nouvel agent voyer en chef de l'Ain et l'ingénieur en chef des Ponts-et-Chaussées de ce département, M. de Lafosse.

Depuis quelque temps, le Conseil général de l'Ain avait le désir d'unifier les services de voirie; il avait invité les chefs des deux administrations intéressées à lui fournir tous les renseignements de nature à l'éclairer et à lui permettre de prendre une décision en parfaite connaissance de cause.

Le rapport de M. Lombard était produit avant la session d'août 1876; mais le délai n'ayant pas été suffisant pour l'ingénieur en chef, la Commission compétente de l'Assemblée départementale avait dû, « bien contre son gré » (*sic*), consentir à l'ajournement de la délibération à la session d'avril 1877.

Le 15 décembre 1876, M. l'ingénieur en chef déposait enfin un volumineux mémoire ne comportant pas moins de quatre-vingts pages d'impression et rédigé à tête reposée, suivant toutes les règles de la composition littéraire : avec avant-propos, introduction, discussion en cinq chapitres, eux-mêmes sous-divisés avec soin, et une conclusion ; le tout dûment renforcé d'un appendice.

Nous ne pouvons, dans cette modeste notice, tenter d'analyser même sommairement ce document formidable, bien qu'un résumé serait de nature à faire ressortir combien la réfutation devait en être laborieuse. Nous nous bornerons à signaler les points les plus intéressants.

Dès le préambule, la solution du problème était donnée. Nous ne surprendrons personne en disant qu'elle tendait à la remise pure et simple de toute la voirie départementale et communale aux mains des ingénieurs des Ponts-et-Chaussées. Il est vrai qu'immédiatement après cette déclaration *ex-abrupto* qui lui paraissait peut-être un peu risquée, l'auteur avait soin d'ajouter : « Je ne l'ignore pas, « il existe quelques préventions contre la mesure que je « propose. D'ailleurs, une longue expérience m'a permis « de reconnaître combien certains courants vagues et irré« fléchis de l'opinion peuvent être redoutables pour le « triomphe de la cause la plus juste et la plus utile, etc., « etc. » Ce qui était plutôt peu flatteur pour les membres du Conseil général de l'Ain.

Suivait la discussion complète du problème ainsi résolu par avance, la revision des chiffres fournis dans le rapport de M. Lombard et l'énumération de toutes les économies réalisées par tous les départements qui avaient décidé la fusion au profit des Ponts-et-Chaussées. En passant, il était constaté que l'entretien des routes départementales était un art « à peu près inconnu » des agents voyers ; qu'en ce qui concernait le recrutement du personnel, « l'Ecole Centrale sans doute produisait des sujets dis« tingués sur lesquels on avait compté dans certains « départements pour remplir les vides nombreux qui « existaient dans le personnel de l'Administration voyère ; « mais ces prévisions ne *s'étaient réalisées nulle part.*

« Les ingénieurs civils sortant de l'Ecole Centrale choi-« sissaient de préférence les carrières industrielles où ils « trouvaient des positions en rapport avec leurs goûts et « *leurs aptitudes*, et le petit nombre des candidats qui « briguaient les fonctions d'agent voyer ne figuraient « généralement pas dans les *premiers rangs sur le* « *tableau de classement de sortie* ». Ce qui était un éreintement en règle des agents voyers sortant de Centrale, et la condamnation implicite des agents voyers chefs n'ayant pour diplômes que leur intelligence et leurs bons services. Enfin, à tous ces raisonnements pleins de profondeur, s'ajoutaient des citations d'auteurs dont le nom seul suffit à couronner une cause ; dans l'appendice, par exemple, l'autorité de Turgot (ô ironie du destin !) était invoquée au sujet du cassage des matériaux.

Tout semblait faire prévoir qu'un livre de ce poids jeté dans la balance, ne fît pencher celle-ci, avec son maximum d'inclinaison, en faveur du service aussi bien défendu.

Il n'en fut rien.

Nous l'avons dit, M. Genevrière prit son poste le 8 janvier 1877 ; il ne disposait donc que d'un très court délai pour s'organiser, prendre possession de son service, visiter les circonscriptions vicinales, s'initier aux méthodes d'administration d'un département qu'il ne connaissait que de nom, et répondre enfin aux arguments de l'ingénieur en chef assez à temps pour que son rapport pût être imprimé avant la session d'avril.

Le 1er mars 1877, M. Genevrière déposait son mémoire. Nous n'hésitons pas à déclarer que cette étude, dont il fut fait un tirage spécial, est un véritable modèle du genre. Tous les arguments de l'ingénieur en chef y sont discutés et réfutés un à un dans un style sobre, clair et incisif dont M. Genevrière avait le secret. Aux savantes dissertations économiques de son contradicteur, il oppose avec un heureux à-propos les conclusions toutes contraires d'un « camarade » de M. de Lafosse, M. Siégler, ingénieur des Ponts-et-Chaussées, alors dans la Meuse. Plus loin, il établit péremptoirement que les économies réalisées dans les départements où la fusion avait été réalisée au profit des Ponts-et-Chaussées, s'étaient transformées d'une façon générale en déficit les années qui avaient suivi cette fusion. Aux considérations visant l'insuffisanee du personnel vicinal comparé à la puissante organisation du service des Ponts-et-Chaussées, il répond par ces lignes en style lapidaire : « Je ne pense pas qu'il soit nécessaire, « et dans tous les cas il ne serait pas suffisant, de recou- « rir à la centralisation et à la forte hiérarchie du corps « des Ponts-et-Chaussées. Chacun sait que, de quelque « prestige que soit entourée cette institution, il n'en re- « jaillit qu'une bien faible part sur les modestes agents « qu'une barrière infranchissable séparera toujours des « Ingénieurs... » Enfin, à l'insinuation que les agents voyers ne sont pas préparés à l'entretien des routes départementales, il oppose le fait suivant : « Je citerai, en par- « ticulier, tel point du département où aboutissent une « route nationale et un chemin de grande communica- « tion ; tandis que ce dernier est en parfait état d'entre- « tien, malgré la circulation considérable qu'il supporte, « la route nationale est presque impraticable ; les maté- « riaux employés, transportés à égale distance, sont les « mêmes des deux côtés et fournis en partie par les mêmes « carrières ; la seule différence, à ce point de vue, est « celle-ci : tandis que nous payons ces matériaux cassés « à l'anneau de 6 centimètres et emmétrés sur les acco- « tements, à raison de 6 francs le mètre cube, le service « des Ponts-et-Chaussées les paie 10 fr. 40, c'est-à-dire « 73 o/o de plus, toutes conditions étant égales, d'ail-

« leurs. » C'était là la revanche de l'élève de Turgot. A tout cela une courte conclusion : « Le déclassement « des routes départementales est une mesure de décen-« tralisation, d'équité, d'économie et de justice distribu-« tive. »

Pour juger de l'effet produit par cette riposte en pleine chair, il suffit de se reporter au mémoire supplémentaire que M. de Lafosse présenta le 21 mars suivant.

Dans un exorde pompeux, solennel, il pose la question de confiance : « Parvenu presque au terme de ma car-« rière, écrit-il, n'ayant aucune position à sauvegarder « ou à défendre, libre de toute préoccupation personnelle, « je crois être mieux placé que mon contradicteur pour « apprécier avec calme la grave question que le Conseil « général a bien voulu soumettre à mon examen et pour « me sauvegarder de toute illusion. » Un avocat qui n'a plus que des arguments de cette nature, est bien près de perdre sa cause.

L'opinion de M. Siégler, qu'il qualifie de « jeune ingénieur âgé de vingt-neuf ans à peine », l'embarrasse visiblement ; il glisse rapidement et « se hâte d'arriver à la partie du mémoire de l'agent voyer en chef où ses citations relatives aux départements étrangers sont contredites ». Là, il essaie de contester les conclusions de son adversaire, mais ne peut néanmoins infirmer les chiffres, ce qui ne l'empêche pas de dire au sujet d'une appréciation peu flatteuse émise à ce sujet par l'agent voyer en chef : « Elle paraîtra sans nul doute un peu présomp-« tueuse. Quoi qu'il en soit, je ne crois pas qu'il soit en « ce moment opportun de suivre pas à pas M. l'agent « voyer en chef dans ses observations critiques. » C'était en effet beaucoup plus facile.

La conclusion elle-même se ressentait de l'intervention

imprévue. Redoutant l'éventualité d'un déclassement au profit de l'Administration vicinale, l'ingénieur en chef écrivait : « Il faut bien le reconnaître, dans la nouvelle « condition qui résulterait de la remise des routes dépar- « tementales à l'Administration voyère, l'ingénieur en « chef, disposant d'un personnel plus restreint, serait « obligé, à son grand regret, de s'abstenir de la plupart « des études qui lui sont aujourd'hui réclamées et qui « touchent à de si nombreux intérêts.

Non seulement la fusion au profit des Ponts-et-Chaussées n'était plus nettement indiquée, mais M. de Lafosse, dans un petit renvoi, faisait remarquer « qu'à son avis, l'intérêt public serait satisfait par le maintien du *statu quo* ».

M. Genevrière, qui n'avait eu connaissance de ce mémoire supplémentaire que le 23 mars, envoyait le lendemain même une dernière réponse — rédigée par conséquent dans les vingt-quatre heures — contenue en 22 pages d'impression, dans laquelle il achevait ce que son premier mémoire avait si bien commencé.

Le Conseil général, en présence d'une discussion aussi vive, aussi complète, comprit qu'il y avait « quelque chose de changé » dans l' « Administration voyère ». Après un débat où les partisans de la fusion au profit des Ponts-et-Chaussées montrèrent visiblement leur grande déception, le maintien du *statu quo* fut décidé. L' « Administration voyère » était sauvée, et c'était bien grâce à l'énergique défense de son jeune et vaillant chef qui — nous insistons sur ce point — n'avait que vingt-huit ans et comptait deux années de services seulement dans la vicinalité.

Nous nous sommes étendu longuement sur ce trait de la vie administrative de M. Genevrière ; mais nous le devions pour prouver nos affirmations du début. Nous serions d'ailleurs incomplet si nous ne mentionnions pas le beau travail qu'il produisit à cette même époque, le 15 mars 1877, sur le projet modificatif de la loi du 21 mai 1836 que MM. Escanyé, Massot et Rougé avaient déposé à la Chambre. Ce long rapport, qui nécessitait une étude attentive des textes législatifs, ainsi que des recherches nombreuses et arides, fut donc établi pendant la discussion concernant le projet de fusion des Services de voirie. Si nous ajoutons que dans l'Ain, à cette époque, l'agent voyer en chef exerçait également les fonctions d'agent voyer d'arrondissement du chef-lieu — situation qui dura jusqu'en 1881, — on reconnaîtra que nous n'avons pas exagéré en qualifiant de prodigieuse la puissance de travail de notre ancien chef.

Par la suite, M. Genevrière se montra aussi bon ingénieur qu'il venait de se révéler habile administrateur.

Dans l'énumération — forcément limitée par le cadre de cette notice — des travaux qui furent exécutés sous sa direction, ce ne sera certes pas l'importance de la dépense qui nous servira de critérium de son talent de constructeur, car il avait au suprême degré le don de *faire bien avec le minimum de dépense*, et les dispositions qu'il employait pour obtenir ce résultat avaient un cachet tout spécial d'élégance et d'originalité.

Citons d'abord le pont biais à deux arches en maçonnerie exécuté en 1878 sur la rivière la Veyle, près du village de Vonnas ; on en trouvera une description détaillée et intéressante dans le numéro de janvier 1881 des *Annales des chemins vicinaux*, qui nous dispensera d'insister sur l'originalité de la solution adoptée pour réduire *d'un tiers* — de 16,778 fr. 67 à 11,427 fr. 44 — la dépense correspondante à un ouvrage biais de type courant.

Signalons ensuite un viaduc circulaire de 33 mètres de rayon, à six arches en maçonnerie, construit en 1880 sur la rivière la London, au lieu-dit « Creux-de-Naz »; cinq des arches remplacent des murs en retour dont la construction eût nécessité une dépense *triple*, soit par le cube des maçonneries, soit par le cube considérable des remblais nécessaires pour asseoir la chaussée. On trouvera une description complète de cet ouvrage type dans les *Annales des chemins vicinaux* du mois de mars 1880; nous nous bornerons à indiquer la dépense qui atteignit 16,000 francs. Le Conseil d'arrondissement de Gex, dans sa séance du 10 août 1880, l'appréciait dans les termes suivants : « Le pont-viaduc de Naz, construit cette année « sur la London, fait l'admiration des hommes compé« tents et reçoit les éloges du public. Le Conseil d'arron« dissement, s'inspirant de l'opinion générale, prie « M. Genevrière, agent voyer en chef, et M. Darmedru, « agent voyer de Gex, d'agréer ses félicitations et l'expres« sion de sa reconnaissance. » (Extrait du *Progrès de l'Ain*, numéro du 4 octobre 1880.) Ce curieux ouvrage a d'ailleurs beaucoup ajouté au pittoresque du « Creux-de-Naz », qu'un chemin sur remblai avec simple ponceau, aurait à peu près complètement détruit. Une réduction de ce viaduc, exécutée en bois, a figuré à l'Exposition universelle de 1889.

Vient ensuite le pont à trois arches en maçonnerie, dont deux de 26 mètres et une de 28 mètres de portée, établi en 1882 sur l'Ain, près de la ville de Poncin. Une notice insérée dans les *Annales des chemins vicinaux*, d'octobre 1883, donne d'intéressantes indications sur cet ouvrage qui coûta 119,000 francs, et dont le *Journal de Genève* (numéro du 4 juillet 1882) parle en ces termes élogieux : « Bien que construit avec une grande simpli« cité, il offre, par l'harmonie de ses grandes lignes, la

« hardiesse et la légèreté de sa construction, l'apparence « d'une véritable œuvre d'art. »

Mais nous arrivons à l'œuvre qui doit rendre impérissable le nom de M. Genevrière dans les annales de la construction : il s'agit du grand pont de Priay, sur l'Ain, sur lequel nous ne pouvons nous dispenser de fournir quelques renseignements. Ce magnifique ouvrage en maçonnerie, exécuté en 1883-1884, comporte cinq arches en arc de cercle de 26 mètres d'ouverture chacune, avec des flèches variant de 3 m. 25 à 3 m. 34 ; il a fait l'objet d'une description détaillée dans le *Génie civil* (numéro du 7 mars 1885) dont nous conseillons la lecture à ceux qui s'intéressent aux grands travaux publics ; la dépense s'élève à 168,000 francs. Malgré ses dimensions, ce pont a une apparence de légèreté tout à fait remarquable ; mais ce qui le distingue nettement de beaucoup d'ouvrages similaires, c'est que son auteur y fit, le premier, l'application hardie d'un procédé indiqué par Dupuit dans son magistral *Traité de l'équilibre des voûtes*, procédé qui renfermait en germe les voûtes articulées en maçonnerie, que l'on exécute presque couramment aujourd'hui à l'étranger. Dans son livre précité, Dupuit dit ceci : « *Il nous* « *semble* qu'on peut ramener la pression au centre du « joint par une disposition qui consisterait à remplacer, « du côté de l'intrados, le prolongement du joint par une « ligne faisant avec celui-ci un angle très obtus raccordé « par une courbe sur laquelle *roulerait* la voûte au « décintrement, si cette partie du joint n'était garnie que « d'étoupe. On déterminerait ainsi un point de passage « obligé de la courbe de pression et qui la placerait « comme on voudrait par rapport à l'intrados ; on pour« rait faire quelque chose d'analogue *à la clef*... Il est « inutile que cette *articulation* se trouve précisément au « joint de rupture, théoriquement elle aurait partout le

« même effet... ; nous croirions convenable de placer « l'*articulation* dans un point accessible après le décin- « trement pour qu'on pût mieux observer ce qui s'y « passe..... On pourrait d'ailleurs augmenter la résis- « tance des pierres en intercalant au point de contact des « *plaques de fonte encastrées* dans les deux voussoirs, « de manière que la surface métallique remplacerait celle « de la pierre. Enfin, une feuille de plomb de 3 ou « 4 millimètres d'épaisseur, interposée entre les deux sur- « faces métalliques, pourrait préserver le métal lui-même « contre l'effet de la concentration de la pression sur un « point isolé... » Ces conseils furent appliqués pour la première fois (sauf une légère variante) au pont de Priay ; des cales en plomb furent placées au tiers inférieur du joint des naissances de chaque voûte ; elles avaient 0 m.012 d'épaisseur sur 0 m.075 de largeur, et régnaient, bien entendu, d'une tête à l'autre ; les coussinets et contre-coussinets étaient en pierre très dure de Turgon (Ain), d'une résistance de 1,220 kilogr. par centimètre carré. Au sommet de chaque voûte, l'articulation était différente et constituée par une clef taillée sur les deux faces latérales avec un léger renflement vers le tiers supérieur du joint, et deux contre-clefs également en pierre de Turgon. La partie supérieure des joints articulés des naissances fut garnie de ciment avant le décintrement, afin que l'on puisse mieux suivre les mouvements de la voûte, la partie inférieure ne fut remplie qu'après l'enlèvement complet des cintres, quand les voûtes eurent pris leur position d'équilibre. L'expérience eut un plein succès.

Peu de temps après la publication du *Génie civil*, des ingénieurs allemands appliquèrent le même procédé aux ponts sur l'Enz, près Hofen et Wildbad ; sur le Glatt, près Neuneck (1886), et sur le Murr, près Marbach

(1887), en Wurtemberg; ils ne manquèrent pas de s'attribuer la priorité de l'essai.

Le pont de Priay est le prototype des grands ponts en maçonnerie à rotules, dont l'un des plus beaux spécimens est celui de Munderkingen (Autriche), construit en 1893 sur le Danube, avec une ouverture de 50 mètres et une montée de 5 mètres; cet ouvrage, exécuté entièrement en béton de ciment, a été pourvu de rotules en acier formant articulations à la clef et aux naissances, au milieu de chaque joint; le décintrement achevé, les articulations furent, comme au pont de Priay, noyées de façon à rétablir la continuité de la maçonnerie.

L'inauguration du pont de Priay, qui eut lieu le 21 septembre 1884, fut une véritable fête, d'après ce que nous pouvons en juger par le compte rendu du *Progrès de l'Ain*, qui remplit plus de deux colonnes de ce journal (numéro du 22 septembre). Nous y lisons cette phrase : « L'admiration causée par la vue de cette œuvre remarquable était générale. » Puis, plus loin : « Le pont, pavoisé à profusion et avec le meilleur goût, a été envahi, à la suite du cortège, par les masses de visiteurs attirés par cette belle fête. » Il est visible que cette journée fut un triomphe pour le Service vicinal de l'Ain et en particulier pour son jeune chef.

Ajoutons qu'une réduction en plâtre du pont de Priay fut exécutée par la suite et figura à l'Exposition universelle de 1889.

Nous citerons encore le joli viaduc en maçonnerie à cinq arches, dit « des Roches », près Trévoux, avec ses piles complètement évidées et ses voûtes réduites aux seuls arcs des murs de tête sur lesquels sont placées des poutrelles métalliques supportant la voie. Il paraît impossible de pousser plus loin l'économie, et pourtant ce viaduc offre un ensemble du plus gracieux effet que l'on n'est pas habitué à rencontrer dans les ouvrages de ce genre.

Nous terminerons cette rapide énumération par le pont suspendu d'Yenne-Nattages, sur le Rhône, formé d'une seule travée de 104 mètres de portée, construit en 1883 et dont la dépense fut de 110,000 francs. C'est un ouvrage remarquable tant par ses grandes dimensions que par son coût relativement peu élevé.

Indépendamment de ces travaux qui le classaient déjà au rang des constructeurs en renom, M. Genevrière fit paraître, dans les *Annales des chemins vicinaux* de 1880, une étude complète sur la rivure des ponts métalliques, dont nous ne saurions trop recommander la lecture attentive à tous ceux qui ont des ouvrages de ce genre à étudier. C'est une œuvre essentiellement vulgarisatrice, dans laquelle l'auteur développe et applique l'enseignement qu'il a reçu à l'Ecole centrale de l'éminent professeur de Mastaing.

Grâce à cette brillante direction, à l'émulation qu'elle fit naître dans le personnel, le Service vicinal de l'Ain ne tarda pas à conquérir la satisfaction et la sympathie du Conseil général ; ceux des membres de cette Assemblée qui, en 1877, étaient partisans de la fusion des services au profit des Ponts-et-Chaussées, revinrent d'eux-mêmes à une plus saine appréciation des avantages qui devaient résulter pour le département, du déclassement des routes départementales et de leur rattachement à la vicinalité. Ce projet fut repris ; une Commission fut nommée le 22 août 1884, avec mission d'étudier de nouveau la question restée en suspens. A cette occasion, M. Genevrière produisit, le 25 novembre 1884, une nouvelle étude qui eut les honneurs d'un tirage spécial. Très courte (16 pages de texte), elle constitue un plaidoyer fortement argumenté en faveur du Service vicinal ; l'effet qu'elle produisit ne fut pas atténué, semble-t-il, par le mémoire de M. l'ingénieur en chef Petit, présenté le 15 janvier de l'année suivante soit près de deux mois plus tard. Dans la séance du 15 avril 1885, à laquelle assistaient les chefs des deux services de voirie, le déclassement des routes départementales fut, par 26 voix contre 6, décidé au profit des agents voyers : c'était une victoire complète. M. Genevrière en dut être doublement heureux, car il était à la veille de quitter l'Ain pour un département plus important ; le succès accompagnant son départ était un augure des plus favorables pour les luttes futures.

En effet, par arrêté du 24 décembre 1884, du préfet de la Seine-Inférieure, M. Hendlé, il avait été nommé agent voyer en chef de ce département, en remplacement de M. Fouché admis à faire valoir ses droits à la retraite ; mais, d'un commun accord, les deux préfets avaient décidé que le mouvement serait reporté au 1er mai 1885 pour permettre à M. Genevrière d'assister dans l'Ain à la discussion du projet de déclassement des routes départementales.

Dans la séance du 16 avril 1885, le président du Conseil général de l'Ain, M. le sénateur Mercier, avocat à Nantua, prononça l'allocution suivante : « Je crois devoir « exprimer à M. Genevrière les regrets que nous cause « son départ. Nous lui savons gré de tous les services « qu'il nous a rendus. Son mérite, bien apprécié chez « nous, lui a valu un avancement avantageux. Nous « espérons que son successeur s'inspirera de l'exemple de « M. Genevrière et saura à son tour mériter la recon- « naissance du département de l'Ain. »

Comme à son début dans l'Ain, M. Genevrière se trouva engagé dès son arrivée à Rouen dans un débat relatif au déclassement des routes départementales. Cette question, pendante depuis 1872, avait été reprise en 1883 sur l'initiative même du Préfet, M. Hendlé; le Conseil général l'avait renvoyée à l'examen de la Commission départementale qui, à l'unanimité, s'était prononcée pour le maintien du *statu quo* dans son rapport présenté par M. Besselièvre. Par contre, la commission des chemins à l'Assemblée départementale (M. Savoye, rapporteur) avait émis un avis favorable au projet et proposé subsidiairement de consulter les communes intéressées, de même que les Conseils d'arrondissement. Cette proposition avait été accueillie par le Conseil général; l'enquête avait eu lieu, mais avait donné des résultats peu encourageants : les trois cinquièmes des communes intéressées étaient contraires au projet, et quatre Conseils d'arrondissement sur cinq l'avaient repoussé. Ce fut sous ces auspices peu favorables que la question revint en session d'avril 1886.

Mais de même qu'en 1877 dans l'Ain, il s'était produit un fait nouveau au cours de la discussion, et le Conseil général au moment même de prendre une décision ferme, se trouva en présence d'un projet du nouvel agent voyer en chef, projet étudié avec le plus grand soin, exposant avec précision et clarté tous les avantages qui devaient découler de la fusion des deux services de voirie au profit de la vicinalité, soit — indépendamment des autres avantages — une économie annuelle de 150,000 francs, tant pour le département que pour les communes.

Demandée à M. Genevrière le 17 mars 1886, cette étude, avec toutes ses annexes, fut adressée au Préfet le 25 avril suivant. Deux jours plus tard, M. Vivenot, alors ingénieur en chef des Ponts-et-Chaussées, déposa de son côté ses propositions dans lesquelles il s'efforçait d'établir que le déclassement ne pouvait procurer d'avantages réels, et présentait des inconvénients sérieux qu'il énumérait et commentait; la défense, il convient de le reconnaître, fut digne de l'attaque; nous ajouterons même qu'elle fut menée avec une rare sagacité : en effet, le 6 mai — la veille du débat final à l'Assemblée départementale — M. l'ingénieur en chef Vivenot fit distribuer aux conseillers une note autographiée dans laquelle il combattait avec énergie tous les arguments de l'agent voyer en chef. Ce fut une manœuvre des plus habiles qui devait, dans la pensée de son auteur, lui assurer le dernier mot, souvent le plus apprécié; mais elle ne servit qu'à faire ressortir la valeur du fonctionnaire pris à partie : M. Genevrière n'avait que *quelques heures* pour répondre à cette rude estocade, néanmoins cela lui suffit, et le lendemain matin il fit à son tour distribuer une notice imprimée qui remit les choses au point.

Malgré l'intervention énergique de M. Besselièvre et du général Robert, conseillers généraux, le déclassement des routes départementales fut prononcé au profit du Service vicinal dans la séance du 7 mai 1886; l'Assemblée départementale n'eut pas à regretter sa décision par la suite, toutes les promesses qui lui avaient été faites par l'agent voyer en chef furent réalisées et bien au-delà.

Après ce nouveau succès, M. Genevrière se consacra entièrement à la réorganisation du Service vicinal, réorganisation rendue évidemment plus laborieuse par suite du déclassement des routes départementales; il dut déployer toute son habileté administrative et toute son énergie pour réformer peu à peu tout ce qui était sujet à critique ou susceptible d'amélioration dans les méthodes en usage jusqu'alors dans la Seine-Inférieure. Il s'efforça de simplifier le plus possible les écritures des agents voyers de façon à permettre à ceux-ci de consacrer plus de temps à l'étude des projets, à la surveillance des travaux et à l'examen des affaires contentieuses; il s'attacha surtout à réduire les dépenses d'entretien au strict minimum, exigeant de son personnel une étude plus attentive des besoins des chemins ainsi qu'une utilisation plus rationnelle des ressources mises à sa disposition. Avec cette méthode d'administration, il devait obtenir par la suite ce résultat paradoxal en apparence, de réaliser de grandes économies tout en donnant au Département un réseau routier de premier ordre.

Malgré l'importance de ses nouvelles fonctions et la quantité considérable des affaires à traiter dans un service aussi chargé que celui de la Seine-Inférieure, M. Genevrière suivait attentivement tout ce qui s'écrivait ou se disait sur le Service vicinal dans les revues techniques ou au Parlement.

Dans le numéro de novembre 1888 des *Annales des Ponts-et-Chaussées*, l'ingénieur en chef de la Nièvre, M. Mazoyer, qui venait de faire décider par le Conseil général de ce département, la fusion des services de voirie au profit des Ponts-et-Chaussées, fit paraître une note « *sur la comparaison des prix de revient de la construction et de l'entretien des chemins vicinaux par les ingénieurs et les agents voyers* ». Cet article laissait trop voir combien l'auteur s'abusait sur l'importance de son succès récent, au point de le considérer comme une victoire sur le Service vicinal tout entier auquel il ne prêtait d'autres arguments défensifs que ceux, bien insuffisants nous semble-t-il, qui lui avaient été opposés dans la Nièvre. On lisait par exemple dans cette note : « Les « objections présentées par les adversaires de cette mesure « (la fusion) restent les mêmes, *sans cesse démenties par* « *les faits* et toujours reprises avec ténacité *en vue de la* « *réalisation des plans d'avenir pour la concentration*

« *de toutes les voies de terre* dans une administration « relevant du Ministère de l'Intérieur, etc... »; c'était, on le voit, un renversement complet des rôles, il n'est que trop facile d'en fournir la preuve aujourd'hui. Plus loin, M. l'ingénieur en chef Mazoyer ajoutait : « Partout, lors « de la réalisation de la fusion des services ordinaire et « vicinal, les agents voyers, en entrant dans nos services, « reçoivent le meilleur accueil et la grande majorité « d'entre eux y gagnent d'avoir *consolidé leur situation « en la soumettant aux règles d'une discipline d'un ca- « ractère plus militaire peut-être,* mais à coup sûr plus « précise et qui leur assure en même temps plus de sécu- « rité lorsqu'ils se sont bien acquittés de leurs devoirs « professionnels », déclaration qui instinctivement fait songer aux promesses du lion de la fable :

..... de bien traiter
Les « *invités* », eux et leur suite,
Foi de lion, très bien écrite :
Bon passe-port contre la dent,
Contre la griffe tout autant.

Enfin M. l'Ingénieur en chef, arrivant au vif de la question, se faisait fort « d'établir que si on place le per- « sonnel des Ponts-et-Chaussées dans les mêmes condi- « tions que celui de la vicinalité, on obtiendra des « résultats *non seulement aussi satisfaisants, mais même « supérieurs sous le rapport de l'économie,* aux résultats « obtenus avec le personnel vicinal étranger au corps des « Ponts-et-Chaussées, sous le triple rapport : des dé- « penses de *construction*, d'*entretien* et des *frais géné- « raux.* » Suivait une démonstration considérée par son auteur comme « irréfutable » et de laquelle résultait :

1° Que les agents voyers construisaient à raison de.................................. 6 fr. 90

le mètre courant, alors que les ingénieurs ne dépensaient que........................ 5 446;

2° Que les agents voyers entretenaient à raison de.............................. 0 24

le mètre courant, alors que les ingénieurs ne dépassaient pas........................ 0 21;

Et 3° qu'avec les agents voyers les frais généraux atteignaient 21 fr. 86 du kilomètre, alors qu'avec les ingénieurs, ces frais étaient de 19 fr. 10 seulement.

En conséquence, M. l'ingénieur en chef Mazoyer concluait que : « les économies annuelles qui résulteraient « de la fusion au profit des Ponts-et-Chaussées seraient « *considérables, bien réelles, pratiquement et immédia-* « *tement réalisables.* »

Cette notice fût restée ignorée des agents voyers si le rapporteur du budget du Ministère des Travaux publics pour 1891, M. Folliet, n'eût donné place aux chiffres de M. Mazoyer dans son rapport et n'en eût tiré les mêmes conclusions.

C'est alors que M. Genevrière entreprit de réfuter les affirmations de M. Mazoyer en démontrant l'inexactitude de ses calculs. On trouvera sa réponse relative à la *comparaison des prix de revient de l'entretien* dans les *Annales des chemins vicinaux*, de juillet 1891, p. 179 à 195; nous en citerons toutefois les passages principaux.

M. Genevrière fait tout d'abord remarquer que supposant même exacte la différence de 0 fr. 03 trouvée par M. Mazoyer en faveur des ingénieurs, on ne serait pas autorisé à conclure qu'on retrouverait proportionnellement la même économie dans le même sens si on supprimait les agents voyers pour confier le Service vicinal, dans tous les départements, aux ingénieurs des Ponts-et-Chaussées. « Pour être admis à formuler cette conclusion, « dit-il, il faudrait démontrer que le groupe des dépar-

« tements dirigés par des ingénieurs n'est pas dans des « conditions plus favorables que celui des départements « dirigés par des agents voyers ; que les divers éléments « qui concourent à former la dépense d'entretien, c'est-à- « dire la *circulation moyenne*, la *situation topogra- « phique*, le *prix et la qualité des matériaux*, le *prix « de main-d'œuvre, sont les mêmes dans les deux « groupes* ».

« *Cette démonstration n'étant pas faite*, on s'expose à « comparer des choses qui peuvent n'être pas de même « nature et à tomber dans l'erreur que nous commettrions « nous-même si, partant de ce que le prix de revient de « l'entretien des chemins de grande communication est de « *0 fr. 27 dans les Alpes-Maritimes* et de *0 fr. 79 dans « l'Oise*, nous en arrivions à conclure que *le chef du « Service des Alpes-Maritimes a des méthodes d'entre- « tien incomparablement plus économiques que celles « de son collègue de l'Oise, et qu'il suffirait de faire « permuter ces deux ingénieurs en chef pour que le « prix de revient des chemins de l'Oise s'abaissât immé- « diatement de 0 fr. 52.* ». . . . .

« *Par conséquent, en admettant même que les chiffres « qui ont été fournis au rapporteur du budget des Tra- « vaux publics soient exacts, il ne saurait valablement « en tirer la conclusion qu'il a formulée.* »

« *Mais ces chiffres sont-ils exacts ?* » C'est le problème que M. Genevrière élucide dans la deuxième partie de son travail.

Il examine de près le groupement des départements adopté par M. Mazoyer, et *constate que cet ingénieur a commis une erreur grave, fondamentale, en appliquant les éléments de dépense de l'exercice 1880 à la composition du personnel de 1883*, alors que, logiquement, les dépenses faites en 1880 dans chaque département doivent être mises au compte du service qui, dans ce département et au *cours de cette même année 1880, avait la direction des chemins vicinaux*, la situation respective des deux services s'étant sensiblement modifiée dans le courant des trois années 1881-82-83.

Refaisant les calculs de M. Mazoyer sur ces nouvelles bases, il arrive aux résultats suivants :

Prix de revient de l'entretien par les ingénieurs........................	0f2744 par mètre.
Prix de revient de l'entretien par les agents voyers......................	0f2381 —
d'où une économie, *en faveur des agents voyers*, de	0f0363 —

résultat diamétralement opposé à celui de M. l'Ingénieur en chef de la Nièvre.

Subsidiairement, M. Genevrière signale une autre erreur, théorique cette fois et, par suite, bien difficile à excuser de la part d'un ancien polytechnicien : pour établir ses trois prix de revient moyens afférents à chacun des groupes d'ingénieurs et d'agents voyers, M. Mazoyer n'a tenu aucun compte des longueurs auxquelles s'appliquent les prix de revient par départements, alors qu'au contraire, il les fait intervenir dans le calcul de ses moyennes d'ensemble pour chacun des deux services; *cette manière de procéder, favorable à sa thèse sans doute, mais inadmissible en tout état de cause, lui a permis de faire ressortir à 0 fr. 03 la différence en faveur des ingénieurs ;* la méthode régulière, vraiment mathématique, lui eût donné seulement 0 fr. 0062 pour cette différence, chiffre trop faible, semble-t-il — et M. Mazoyer avait dû en juger ainsi — pour justifier ses conclusions.

On a vu plus haut, d'ailleurs, qu'en raison même du groupement incorrect des départements, la différence de o fr. 0062 ne pouvait, pas plus que celle de o fr. 03 accusé par M. Mazoyer, être valablement opposée aux *agents voyers, et que ceux-ci, au contraire, devaient en toute équité se prévaloir d'un bénéfice en faveur de leur gestion de 36 fr. 30 par kilomètre.*

Dans une note datée du *26 octobre 1891 — soit après plus de trois mois* — et qui ne fut publiée dans les *Annales des Ponts-et-Chaussées* qu'en *août 1892*, M. Mazoyer présenta sa défense. Ayant remarqué que l'étude de M. Genevrière portait seulement sur l'entretien, il s'empressa de déclarer que tout ce qu'il avait dit au sujet de la *construction* n'ayant pas été démenti, lui restait acquis; de même pour les *frais généraux*. Persuadé, bien à tort, qu'il avait gagné tout au moins les deux tiers de sa cause, il ne poussa même pas la condescendance jusqu'à faire connaître le nom de son contradicteur et se borna, tout juste, à le désigner sous le vocable : « un agent voyer ». Dans sa réplique, il se contentait de répéter qu'il avait puisé ses renseignements dans la statistique du Ministère de l'Intérieur — ce qui ne justifiait nullement ses erreurs de groupements, non plus que l'application qu'il avait faite des dépenses de 1880 au personnel de 1883 ; — il ne daignait pas davantage reconnaître ses erreurs dans le calcul des moyennes et affirmait que, telles qu'elles avaient été établies, ses moyennes « avaient un intérêt *spécial* au point de vue « *géographique* et *territorial* (*sic*) » ; puis il déterminait, toujours en conservant son groupement incorrect des départements, des *coefficients d'entretien* pour chaque service, qui lui servaient à « prouver » (?) :

Que, dans l'hypothèse d'une fusion générale au profit des *ingénieurs*, l'*économie* annuelle ressortirait à........................ 3.288.532 fr.
et, qu'en cas d'une fusion au profit des *agents voyers*, le *déficit* serait immanquablement de........................ 1.089.553 fr.

soit un écart de........................ 4.378.085 fr.
en faveur du retour au Ministère des Travaux publics, écart qu'il avait évalué, dans sa première étude, à 8,900,000 francs, soit *plus du double*. Il paraît difficile de manier les millions avec plus d'insouciance, et l'influence de l'habitude jouait très probablement là un bien vilain tour au défenseur des ingénieurs ; un simple « agent voyer » y eût regardé de plus près, l'exemple de M. Genevrière en était le meilleur témoignage.

De toute cette discussion peu claire, M. Mazoyer déduisait :

1° Que la différence en faveur des ingénieurs soit des *coefficients d'entretien*, soit des économies totales, était « *encore* » (?) très importante dans toutes les hypothèses ;

2° Que les deux modes de calculs employés avaient leur raison d'être.

Hélas ! M. Mazoyer, avant même qu'ait paru son étude complémentaire, avait reçu deux démentis éclatants ; le premier lui venait encore de M. Genevrière qui, dans une seconde notice où il avait traité la question de la *comparaison des prix de revient de construction*, démontrait, avec autant de logique et de franchise que précédemment :

Que les agents voyers construisaient à raison de........................ 9 fr. 04 p. mètre.
alors que MM. les Ingénieurs atteignaient le chiffre de........................ 9 55 —

soit, *en plus*........................ 0 fr. 51 —

M. Mazoyer avait trouvé à l'aide de ses groupements un *bénéfice*, en faveur des *ingénieurs*, de........ 1 fr. 454

On trouvera la deuxième note de M. Genevrière dans les *Annales des chemins vicinaux* de décembre 1891, p. 329 à 341.

Le deuxième démenti qu'eut à subir M. Mazoyer dut lui être plus sensible, croyons-nous, car il lui vint du *Conseil général même de la Nièvre*, qui, après avoir confié le Service vicinal aux ingénieurs des Ponts-et-Chaussées en avril 1888, *le leur retira en août 1892*. On nous excusera de citer quelques passages du compte rendu de la session où cette décision fut prise; ils apporteront une contribution trop importante à la biographie que nous avons entreprise pour que nous les négligions.

Le rapporteur du projet, M. Guétrot, déclare dans son exposé (séance du 24 août 1892, p. 710 du compte rendu) que la remise du Service vicinal aux agents voyers a été demandée par deux Conseils d'arrondissement et que la Commission du Conseil général, « après s'être entourée « de tous les renseignements qui sont de nature à éclairer « la discussion, et convaincue que *la fusion des deux « services au profit des ingénieurs a été préjudiciable « aux intérêts départementaux*, propose de prendre ces « vœux en considération et de revenir sur une mesure « *qui est condamnée par les résultats aussi bien que par « l'opinion publique* ». Il nous semble bien que les savants calculs de M. Mazoyer, de même que les conclusions qu'il en avait tirées au lendemain même de la fusion de 1888, rencontraient là, à quatre années de distance seulement, une contre-partie pour le moins inattendue, nous allions dire fâcheuse.

A la page 712, nous lisons : « Il résulte des chiffres ci- « dessus que MM. les Ingénieurs *tendent à augmenter « les dépenses vicinales dans des proportions inquié-*

« *tantes.* En effet, les propositions de M. l'ingénieur en « chef sont supérieures en 1890 de 55,181 francs à ce « qu'étaient celles de l'Agent voyer en chef en 1887, si « l'on en déduit les dépenses d'entretien des chemins « nouvellement classés, soit environ 10,000 francs, et « une réduction de 5,000 francs sur la réserve ; *il n'en « subsiste pas moins une augmentation budgétaire de « 40,000 francs* en chiffres ronds, qu'il nous a paru « important de faire ressortir aux yeux du Conseil gé- « néral. M. l'Ingénieur en chef réclamait 838,626 francs « pour 1892, et ses propositions sont de 841,700 francs « pour 1893. M. le Préfet, comme il l'a fait les années « précédentes, vous propose de réduire les *crédits à des « proportions à la fois compatibles avec la situation « budgétaire et le besoin des chemins.* » On constate de plus en plus, à cette lecture, combien M. Mazoyer avait tort de contester l'exactitude des calculs et des résultats que M. Genevrière lui soumettait dans sa première note ; la Commission des chemins vicinaux allait se trouver dans la nécessité de réparer ce manque de confiance.

Elle ajoute en effet : « *Il résulte d'un travail auquel « s'est livré récemment M. Genevrière, agent voyer en « chef de la Seine-Inférieure, pour répondre aux allé- « gations de M. Mazoyer, que, dans le groupe de dépar- « tements où la direction du Service vicinal est confiée « aux agents voyers, le prix de revient de l'entretien « est inférieur de 28 francs par kilomètre* (1) *au prix « de revient des mêmes chemins dans le groupe de dépar- « tements où la direction du Service vicinal appartient « aux ingénieurs* » (p. 713 *ibid.*). On comprend maintenant pour quel motif nous tenions à donner ces extraits ; nous voulions fournir une preuve officielle des services

(1) En faisant abstraction du Service vicinal du département de la Seine, confié aux ingénieurs.

exceptionnels rendus à la cause vicinale par notre ancien agent voyer en chef.

Nous pourrions sans doute nous en tenir là, mais nous pensons qu'on nous saura gré de citer quelques autres passages intéressants du rapport adopté par le Conseil général de la Nièvre.

A la page 715 : « On ne saurait servir deux maîtres à « la fois, et jamais cette maxime n'a été mieux applicable. « L'ingénieur n'est là *qu'en passant;* son séjour dans le « département ne marque qu'un *échelon* dans sa car- « rière ; il est sous les ordres du Préfet au point de vue « vicinal, mais *il ne dépend réellement que du Ministre « des Travaux publics auquel il doit sa nomination et « son avancement.* De là, les divergences qui se pro- « duisent souvent entre les ingénieurs et les préfets.

« Le Préfet doit avoir dans le chef de la vicinalité un « collaborateur de tous les instants qui lui soumette ses « vues en toute indépendance et en toute liberté, mais « aussi avec ce dévouement et ce respect que tout fonction- « naire doit à son chef. En 1881, M. le Préfet disait : — « Eh bien ! il faut l'avouer, qu'entre M. l'ingénieur et le « Préfet, les choses ne se passent pas ainsi. Les rapports « sont courtois, je le reconnais, *mais ils sont rares. « Jamais il ne vient à mon cabinet,* tout se traite avec lui « par correspondance comme avec le Ministre... Je vous « le demande, peut-il dans ces conditions s'établir entre « le chef de l'Administration et le chef du Service vicinal « cette collaboration féconde d'où sortent des décisions « réfléchies et mûrement délibérées ? — »

« Une telle situation ne peut que provoquer des conflits « entre le Préfet et l'Ingénieur en chef, *l'expérience l'a « surabondamment prouvé dans la Nièvre, et cela avec « tous les ingénieurs en chef* qui se sont succédés depuis « la loi de 1871, *dans la direction du Service vicinal.*

« Le premier était M. Quaisain ; il dut prendre préma-
« turément sa retraite *à la suite d'un conflit avec le*
« *Préfet*. C'est à M. Léonard, son successeur, que
« s'appliquaient les critiques de M. Levaillant, préfet,
« citées ci-dessus : *M. Léonard dut céder son service à*
« *un personnel d'agents voyers.* » Puis survint la fusion sous le régime de laquelle nous vivons actuellement ; « *elle*
« *fut préparée par l'honorable M. Mazoyer, mais le*
« *conflit avec le Préfet était imminent, et M. Mazoyer,*
« *organisateur né du nouveau service, n'eut même pas*
« *la satisfaction de le diriger un seul instant.*

« M. Coindre fut placé à la tête du personnel vicinal ;
« quelques mois après, les *rapports de l'Ingénieur en*
« *chef et du Préfet devenaient tellement tendus et into-*
« *lérables que l'un et l'autre durent recevoir leur*
« *changement.* »

Cette longue citation était utile pour montrer que les théories de M. Mazoyer eurent un succès bien éphémère dans son propre département ; elle fait connaître en outre les raisons toutes particulières pour lesquelles cet ingénieur en chef ne fut pas à même de tenter de réaliser la part qui lui incombait dans les économies « *considé-*
« *rables, bien réelles, pratiquement et immédiatement*
« *réalisables* » qu'il avait lui-même annoncées dans sa note du 7 mai 1888, comme conséquence inéluctable de toute fusion au bénéfice des ingénieurs ; cela fut d'autant plus regrettable que la tâche excédait incontestablement les forces de ses collègues, puisque tous, au lieu de réduire leur budget dans la proportion indiquée par M. Mazoyer, sollicitaient au contraire chaque année des allocations supplémentaires, à tel point que le Conseil général dut leur retirer la gestion des chemins vicinaux.

Les deux notices de M. Genevrière eurent un légitime succès ; les témoignages de sympathie et de reconnaissance affluèrent de toutes parts, notamment d'un certain nombre de membres du Parlement. A l'époque où elles parurent, la question de l'unification des services de voirie était, en effet, posée d'une façon pressante par la Chambre des députés, et les réfutations de M. Genevrière furent d'un grand secours pour les défenseurs du Service vicinal, auxquels le camp adverse opposait sans trêve ni cesse des renseignements ou des statistiques sciemment erronés. En raison de ces circonstances, M. Genevrière fut appelé à prendre une part très active dans la mêlée qui, d'ailleurs, on le sait, n'aboutit à aucun résultat.

Nous n'entreprendrons pas de passer en revue tous les travaux intéressants exécutés dans la Seine-Inférieure sous la direction de M. Genevrière, cela nous conduirait trop loin ; nous nous en tiendrons à ceux d'une importance tout exceptionnelle.

Mentionnons d'abord le boulevard maritime du Havre, promenade splendide de 20 mètres de largeur et 1,200 mètres de long, établie en corniche sur le bord de la mer, et qui nécessita la construction d'ouvrages défensifs importants, notamment d'une vingtaine d'épis. Dans son rapport à la session d'avril 1888, pages 43-44, le préfet, M. Hendlé, s'exprimait ainsi : « L'entreprise de la construction du boulevard maritime du Havre (chemin de « grande communication n° 79) est aujourd'hui terminée, « et j'ai l'honneur de vous communiquer un état compa- « ratif des ouvrages prévus et des dépenses effectuées, « avec un rapport dans lequel M. l'Agent voyer en chef « rend compte des résultats de cette opération d'une *im- « portance exceptionnelle tant par le chiffre des dé- « penses qu'à raison des difficultés peu ordinaires que « son exécution présentait*..... Le montant des res- « sources, égal aux prévisions de l'avant-projet, s'élevait

« à 2,400,000 francs; vous constaterez avec satisfaction « que les dépenses effectuées et aujourd'hui entièrement « liquidées, *restent au-dessous de ce chiffre;* elles s'élè-« vent à 2,377,888 fr. 28, soit en moins, 22,111 fr. 72... « J'ai déjà eu l'occasion de louer MM. les Agents voyers « qui ont dirigé cette entreprise. Je ne puis, aujourd'hui, « que constater de nouveau le zèle et le dévouement qu'ils « ont apportés à l'accomplissement de la laborieuse tâche « qui leur incombait. »

Vient ensuite le boulevard de Rouen à Croisset (chemin de grande communication nº 51 annexe), l'une des plus belles promenades de la banlieue rouennaise. Cette magnifique avenue de 20 mètres de large, côtoie la Seine sur près de 3 kilomètres; établie en entier à travers des prairies sillonnées de cours d'eau et submergées périodiquement par les eaux du fleuve, elle présentait de grandes difficultés d'exécution; néanmoins les dépenses ne s'élevèrent qu'à 900,000 francs, alors que les prévisions les plus optimistes atteignaient 1,100,000 francs. L'inauguration eut lieu le 11 juin 1893, avec musiques civile et militaire, régates, fête de nuit et feu d'artifice; les autorités et les représentants de la région, au grand complet, y assistèrent. La chronique locale consacra de nombreuses colonnes au compte rendu des réjouissances; nous y voyons que le préfet, M. Hendlé, adressa publiquement, au nom du département, des compliments et des remerciements à tous ceux qui avaient concouru à l'œuvre, notamment à M. Genevrière qui, dit-il, avait « si intelli-« gemment dirigé ce travail en réalisant des économies « notables sur les devis primitifs ». (*Journal de Rouen* du 12 juin 1893.) De son côté, la Commission départementale, désireuse de témoigner sa satisfaction, avait alloué aux ouvriers de l'entreprise une gratification qui leur permit de prendre part à la fête et de se réunir dans un banquet.

Nous ne pouvons passer sous silence la transformation en ponts-routes des grands viaducs à arcs en fonte de Tourville et d'Oissel, servant au passage de la ligne de Paris au Havre sur les deux bras que forme la Seine à cet endroit. Construits vers 1855, ces deux ouvrages ne répondaient plus aux exigences des lourds convois modernes; la Compagnie de l'Ouest ayant dû les abandonner en 1895 et les remplacer par des ponts plus robustes, on songea à les utiliser en les aménageant en ponts-routes. Pour celui traversant le bras de Tourville, on put se borner à une simple modification du tablier sur lequel on établit ensuite une chaussée en macadam ; mais il n'en fut pas de même pour le second ouvrage où on dut, en raison des exigences de la navigation, réduire le nombre des travées de cinq à trois, et substituer au tablier supporté par des arcs en fonte, un tablier soutenu par des poutres continues à treillis en acier. Cet ouvrage, très élégant, très léger, a une longueur totale de 165 mètres, avec une voie de 6 mètres. L'inauguration de ces ponts, que l'on fit coïncider avec un festival, eut lieu le 16 juin 1901, sous la présidence de M. Mastier, préfet; elle fut des plus brillantes et les populations manifestèrent un véritable enthousiasme, qui s'expliquait d'autant mieux, qu'avant la création des ponts-routes, les communications entre les deux rives extrêmes, éloignées de plus de 500 mètres, ne pouvaient s'effectuer que difficilement, soit en empruntant le bac d'Oissel, moyen coûteux et incommode, soit au prix d'un long détour par Rouen ou par Elbeuf.

Nous terminerons par les lignes de chemins de fer d'intérêt local de Montérollier-Buchy à Saint-Saëns, de 10 kilomètres de longueur, à voie normale, et celle d'Aumale à Envermeu, de 51 kilomètres, avec voie d'un mètre, qui furent étudiées et construites, pour le compte du Département, sous la direction de M. Genevrière; cette dernière comporte un joli viaduc circulaire en maçonnerie de briques à six arches de 10 mètres d'ouverture chacune, près du bourg de Londinières. Comme directeur des chemins de fer départementaux, M. Genevrière eut aussi à étudier l'établissement de voies ferrées entre Vascœuil et Morgny, avec voie normale, sur 15 kilomètres, et d'Ouville-la-Rivière à Motteville, et de Gueures à Clères, avec voie d'un mètre, sur une longueur totale de 66 kilomètres; il eut aussi à examiner un projet de trains routiers à traction continue, système Renard, dont le Conseil général fut saisi en 1905 et qui fut abandonné en présence des exigences de la Société concessionnaire.

Il nous reste à faire connaître une catégorie d'études toutes spéciales auxquelles M. Genevrière fut appelé à se livrer. Son sens critique très développé, joint à un incontestable talent d'écrivain technique, le désignèrent à diverses reprises soit à l'Administration préfectorale, soit même au Conseil de préfecture lorsqu'une question tout particulièrement difficile nécessitait un arbitrage. Chaque fois qu'il fut fait appel à son jugement, à son savoir, dans ces circonstances, il répondit si brillamment, son opinion fut étayée sur des arguments d'une telle justesse, qu'il acquit rapidement une légitime renommée comme expert en travaux publics.

En 1890, un différend s'étant élevé entre la Ville de Dieppe et l'entrepreneur chargé de la construction des abattoirs, lequel estimait que les fondations prévues étaient absolument insuffisantes vu le peu de consistance du sous-sol, M. Genevrière fut désigné par le Conseil de préfecture pour étudier la question avec les représentants des parties intéressées. Après une discussion des plus savantes où l'entrepreneur, son expert et celui du tribunal administratif firent preuve de ces connaissances techniques qui sont le fruit de longues années d'études et d'expérience, et dont malheureusement les meilleurs traités ne donnent qu'un bien maigre aperçu, après cette discussion, disions-nous, dans laquelle l'insuffisance des fondations prévues fut reconnue à l'unanimité, la solution élégante et relativement peu coûteuse proposée par M. Genevrière fut adoptée et ordonnée par le Conseil de préfecture. Cette solution consistant à établir sur l'emplacement des bâtiments à édifier une large plateforme de sable recouverte d'un radier bétonné, donna complète satisfaction tout en ne nécessitant qu'une dépense s'élevant au tiers seulement de ce qu'aurait coûté — soit près de 150,000 francs — la solution classique des fondations sur pilotis réclamée instamment par l'entrepreneur et son expert.

En décembre 1896, un formidable éboulement de falaises se produisit près de Dieppe, entraînant la ruine d'une villa tout entière. M. Genevrière fut désigné par le préfet pour faire une enquête sur les causes de l'accident et indiquer les mesures à prendre en vue d'éviter de nouveaux affaissements si possible. Le 16 février 1897, après visite des lieux, il remit au préfet un rapport qui, en cinq pages, donnait une explication claire, scientifique et logique de l'accident, démontrait que la destruction des falaises « a lieu suivant une loi inéluctable dont aucune « partie de celles qui sont battues par la mer ne peut être « exceptée », et précisait que si l'on ne peut « songer à « supprimer le danger, on peut essayer de le retarder « quelque peu en écartant les causes secondaires qui s'a- « joutent à l'action destructive de la mer, en particulier « l'action des eaux d'infiltration », et il indiquait les moyens à employer en vue d'obtenir ce résultat. Une copie de ce rapport fut remise à tous les propriétaires des terrains compris dans la zone menacée; il ne s'est pas produit d'éboulements depuis sur ce point.

La Ville de Rouen et la Compagnie générale des Eaux ayant été actionnées par la presque unanimité des usiniers de la vallée du Robec, à Darnétal, qui leur réclamait, pour privation de force motrice, des indemnités d'un chiffre très élevé, M. Genevrière fut choisi par le Conseil de Préfecture comme tiers expert. Cette affaire, mémorable dans la région, dura de longues années, et, pour donner une idée de son aridité, nous citerons l'opinion de M. l'Inspecteur général Mengin, chargé du rapport au Conseil général des Ponts-et-Chaussées sur le pourvoi au Conseil d'Etat de la Compagnie des Eaux, condamnée à payer 84,000 francs à l'un des usiniers : « Cette affaire est importante et difficile. Elle est importante, notamment en ce sens que l'usinier ne représente « qu'une petite partie des intérêts en jeu. Il est propriétaire de trois moulins sur quarante-deux qui existaient « il y a vingt ans. Quelques-uns ont été achetés par la « Ville, d'autres ont disparu, mais il en reste une trentaine dont les propriétaires, selon toute apparence, « n'attendent que l'issue de ce premier procès pour présenter leurs revendications. Les intérêts réellement en « jeu dans la décision à intervenir dépassent donc de « beaucoup l'importance des sommes à payer par la Compagnie des Eaux. Elle est difficile parce que les documents sur l'état de la rivière avant les travaux de la « Ville sont peu nombreux, incertains ou incomplets. » M. Genevrière se distingua tout particulièrement dans ce gros procès, où les experts eurent à constituer de véritables traités de géologie, d'hydrologie et météorologie locales, basés sur les documents qu'ils purent retrouver et sur leurs propres expériences, avant d'être à même de formuler leurs conclusions. Il nous est impossible de donner même un aperçu de ces travaux scientifiques qui remplissent plusieurs volumes, et nous ne pouvons que déplorer de voir des documents de cette valeur enfouis parmi d'innombrables paperasses de procédure, alors que, livrés à la publicité, ils pourraient rendre des services considérables à bon nombre d'ingénieurs.

A ces travaux d'un genre tout particulier, vient s'ajouter une invention des plus intéressantes. Le 16 mars 1898, M. Genevrière, en collaboration avec un autre ingénieur civil, prit un brevet pour un nouveau moteur rotatif à vapeur, présentant sur les machines rotatives de l'époque les particularités suivantes : rectification possible de l'usure des diverses pièces mobiles dans de fortes proportions et d'une façon simple et rapide ; suppression des joints radiaux, les divers points d'une même surface de joint ayant sensiblement les mêmes vitesses linéaires ; application simple et pratique de la détente variable, soit à la main, soit au régulateur, à l'aide d'organes légers mus par des vis ; faculté d'employer la vapeur à toute pression ; possibilité de marcher à des vitesses variant dans des limites très étendues et aussi faibles qu'on le désire ; enfin, faculté de marcher dans les deux sens et de renverser la marche avec une très grande rapidité.

On le voit par ces quelques exemples choisis parmi les plus intéressants, l'activité de notre ancien chef s'exerçait avec une égale ardeur sur toutes les branches de l'art de l'ingénieur, et il semble bien qu'il ait voulu se faire un jouet des difficultés de toute nature que l'on y rencontre à chaque pas. Ce surmenage incessant devait, hélas ! le terrasser, alors qu'il arrivait dans la pleine force de son savoir et de son expérience, à l'âge où tout le désignait pour le grade d'inspecteur général.

Les comptes rendus du Conseil général de la Seine-Inférieure, en ce qui concerne le Service vicinal, forment une longue suite de félicitations et de louanges à l'adresse de M. Genevrière et de son personnel ; ces témoignages répétés démontrent combien il avait le souci de satisfaire, de prévoir même les vœux de l'Assemblée départementale, et quel prix il mettait à conserver la confiance qu'elle a toujours eue pour le Service vicinal.

Dès la session d'août 1885 — il y avait trois mois que M. Genevrière était à la tête du Service vicinal de la Seine-Inférieure — la satisfaction du Conseil général s'affirme. Nous lisons, en effet, dans le rapport de M. Besselièvre : « Parmi les rapports des chefs de Service annexés au « rapport de M. le Préfet, se trouve celui de M. l'Agent « voyer en chef. — Vous avez certainement tous lu avec « un grand intérêt le travail si complet de M. l'Agent « voyer en chef et vous avez pu, en le lisant, apprécier, « comme le dit justement M. le Préfet, le zèle éclairé et « consciencieux avec lequel M. Genevrière se montre « prêt à accomplir la tâche qui lui incombe. »

Prenons au hasard, dans le recueil de la session de 1888, alors qu'une Société de secours mutuels des cantonniers venait d'être créée ; nous lisons dans le rapport de M. Quiévremont, séance du 23 août : « Grâce à M. le « Préfet et au zèle de M. l'Agent voyer en chef, une So- « ciété de secours mutuels est désormais fondée ; elle fonc- « tionne depuis le 1er janvier. Nos cantonniers, en cas de « maladie ou d'infortune imméritée, pourront, eux et « leurs familles, jouir d'une retraite lorsque l'âge et, avec « l'âge, les infirmités, les obligeront à cesser tout travail. « — M. le Préfet a bien voulu accepter la présidence « d'honneur de cette Société ; M. l'Agent voyer en chef, « dont on connaît la sollicitude pour ses subordonnés, en « est naturellement le président effectif. — Le but huma-

« nitaire de cette institution a été vite compris et appré-
« cié. De nombreuses adhésions ont été recueillies. Les
« cantonniers ont répondu presque unanimement à cet
« appel, et ceux qui se trouvent dans les conditions d'âge
« fixées par les statuts, ont montré, par leur adhésion
« libre et volontaire, que l'œuvre répondait à un besoin
« bien réel. » Ajoutons que cette Société, après dix-huit années d'existence, compte aujourd'hui 1,300 sociétaires et 222 membres honoraires, et possède un actif de plus de 800,000 francs, bien qu'elle serve 67 pensions de 200 fr. pour les cantonniers et 100 francs pour les veuves, qu'elle paie les médicaments et les frais de médecins aux sociétaires malades, et qu'elle leur alloue de plus une indemnité journalière.

Si nous prenons, par exemple, le compte rendu de la session d'août 1897, nous y trouvons, dans le rapport de M. Waddington, conseiller général et sénateur : « Nous
« avons d'abord l'entretien des chemins vicinaux. A ce
« sujet, il serait très injuste de ne pas adresser nos remer-
« ciements à l'ingénieur éminent qui dirige ce Service,
« M. Genevrière. Il y a réalisé des améliorations consi-
« dérables, dont nous sommes heureux de le féliciter.
« (*Approbation unanime.*)... Au point de vue des bicy-
« clistes, et nous savons que votre cher président de la
« cinquième Commission est un amateur distingué dans
« ce genre de sport, *notre réseau vicinal est admirable.*
« Si vous le comparez avec celui des départements voi-
« sins, vous devez être frappés de la différence. »

Plus près de nous, en session d'août 1903, quelques mois après le passage de M. l'Inspecteur général Boncorps, en tournée d'inspection, M. Savoye lit un rapport d'où nous extrayons les lignes suivantes : « M. le Préfet
« nous apprend que cette inspection a eu lieu l'année
« dernière dans la Seine-Inférieure, et qu'il a été avisé

« après la session d'avril, des conclusions du rapport qui « a été présenté à M. le Ministre de l'Intérieur. Il résulte « de ce rapport que notre service départemental fonc- « tionne de la manière la plus régulière et ne donne lieu « à aucune observation. Après réception de cet avis, M. le « Préfet a transmis à M. l'Agent voyer en chef et au per- « sonnel placé sous ses ordres, l'expression de la satisfac- « tion de l'Administration. — Nous sommes heureux de « voir ajouter cette marque de satisfaction aux félicita- « tions que le Conseil général s'est plu à adresser, à di- « verses reprises, et tout récemment encore, à M. Gene- « vrière et à ses collaborateurs. »

Enfin, terminons par cet extrait du rapport de M. Ancel sur la constitution d'un réseau subventionné, présenté à la session d'avril 1904 : « C'est là un résultat dont vous « jugerez certainement avec nous qu'il convient de féli- « citer M. l'Agent voyer en chef; car, en même temps « que nous trouvons dans la justesse et la précision avec « laquelle il a su tout d'abord en apercevoir la réalisation, « un témoignage de la si judicieuse expérience qu'il met « constamment au service des affaires qui lui sont con- « fiées; il faut voir aussi, dans le soin et la sagacité avec « lesquels l'enquête a été conduite auprès des communes, « un élément important de son heureuse issue. »

— M. le Président : « Le Conseil général a entendu « le rapport très intéressant et très documenté de M. Raoul « Ancel. Il contient un hommage à M. l'Agent voyer en « chef du département, que le Conseil général ratifiera « certainement. » (*Vive approbation.*)

Ces extraits, avec ceux que nous avons donnés d'autre part concernant le département de la Nièvre, permettent d'établir un parallèle des plus instructifs entre la gestion des agents voyers et celle de MM. les Ingénieurs, et il semble bien que ce n'est pas le hasard seul qui a voulu ainsi opposer un démenti formel, permanent, écrasant — nous serions tenté de dire : cruel — aux attaques injustifiées de M. l'ingénieur en chef Mazoyer.

A l'ouverture de la session d'avril dernier, M. Bignon, député et président du Conseil général, prononça l'allocution suivante : « Pendant l'intersession, notre départe-
« ment a fait des pertes douloureuses, et je ne répondrais
« certainement pas à votre sentiment si je ne les rappelais
« brièvement ici..... Nous avons eu à déplorer, il y a
« quelque temps, la mort de M. Genevrière, agent voyer
« en chef du département, qui dirigeait depuis vingt et
« un ans notre Service vicinal avec une activité, un
« esprit d'initiative et un souci des intérêts généraux aux-
« quels tout le monde rendait hommage. — M. Lemon-
« nier, un des vice-présidents de cette Assemblée, lors des
« funérailles, a apporté au regretté M. Genevrière le
« souvenir ému du Département. — Aujourd'hui, au
« début de cette session, je tiens à saluer ici la mémoire
« d'un homme qni n'avait que des amis parmi nous,
« dont nous avions pu apprécier la valeur, l'indépen-
« dance de caractère, la conscience, la droiture, et dont le
« passage dans l'important service qu'il dirigeait aura été
« trop court. » (*Applaudissements.*)

— M. René Berge : « M. le Président du Conseil gé-
« néral a exprimé en termes excellents les regrets dou-
« loureux que nous a laissés à tous la mort de M. Gene-
« vrière. Je vous demande la permission d'apporter à sa
« mémoire, au nom de la troisième Commission, dont
« il a été pendant vingt et un ans le collaborateur intime,
« éclairé et dévoué, un juste tribut de reconnaissance et
« un dernier hommage. — Ingénieur de talent, adminis-
« trateur remarquable, il joignait à une intelligence
« d'élite un esprit d'une rare précision. Mais M. Gene-

« vrière n'était pas seulement un travailleur acharné, « doué d'une puissance de production exceptionnelle, il « alliait les plus hautes qualités du cœur à celles de l'in- « telligence, et son dévouement aux grands intérêts qui « lui étaient confiés n'avait d'égal que sa sollicitude pour « le personnel placé sous ses ordres. C'est ainsi qu'il « fonda, en 1888, la Société de secours mutuels des can- « tonniers de la Seine-Inférieure, dont la situation est des « plus prospères, et qui lui valut, en 1903, la médaille « d'or de la Mutualité. — Véritable fils de ses œuvres, « né de parents bien modestes, mais qui l'avaient doté « d'une conscience droite, d'un caractère plein de no- « blesse et d'énergie, M. Genevrière a donné un bel « exemple de ce que peuvent le travail et la volonté. » (*Applaudissements.*)

— M. LE PRÉFET : « Je remercie M. le Président du « Conseil général et M. le Président de la troisième Com- « mission de l'hommage si mérité que l'un et l'autre ont « rendu à la mémoire de M. Genevrière, qui a été pour « l'administration de votre département le collaborateur « le plus utile et le plus dévoué. — Je vous demande de « m'autoriser à transmettre en votre nom, à Mme Gene- « vrière, un extrait de la délibération qui mentionne les « regrets exprimés par le Conseil général. » (*Très bien! très bien!*)

— M. LE PRÉSIDENT : « Le Conseil général vous donne « volontiers cette autorisation. »

M. Genevrière, durant sa vie, avait été récompensé en partie de ses efforts ; il avait été fait chevalier de la Légion d'honneur le 31 décembre 1895, officier d'Académie le 12 janvier 1901, et avait reçu la médaille d'or de la Mutualité le 14 juillet 1903 ; mais la manifestation posthume du Corps élu départemental que nous avons tenu à reproduire tout au long, constitue le couronnement suprême de cette carrière courte mais toute de dévouement à la chose publique.

Subitement foudroyé par un mal qui le minait sourdement depuis plusieurs années déjà, comme le flot inlassable qui ronge nos plus hautes falaises normandes, M. Genevrière succomba au moment même où il se rendait à sa tâche quotidienne.

Lorsque nous le vîmes, après cette terrible épreuve, reposant sur sa couche funèbre, son visage reflétait encore cette sérénité grave, un peu hautaine, qui est l'apanage des esprits supérieurs, des âmes fortement trempées; ses traits avaient conservé l'apparence de la vie à tel point qu'il nous parut absorbé dans une de ses méditations coutumières, et qu'il allait, comme il aimait à le faire dans ses moments d'expansion, nous rappeler, avec les conseils bienveillants de sa longue expérience, la formule profonde de Pascal, l'illustre auteur de l'*Esprit géométrique*, dont il affectionnait tout particulièrement la logique serrée :

« *L'art de démontrer les vérités et de les éclaircir* « *de telle sorte que la preuve en soit invincible, con-* « *siste en deux choses principales, l'une de prou-* « *ver chaque proposition en particulier, l'autre de* « *disposer toutes les propositions dans le meilleur* « *ordre.* »

Il avait puisé le secret de tout son génie d'écrivain dans ce précepte, un peu énigmatique pour les esprits superficiels, et qui n'est autre chose que le résumé des règles beaucoup plus limpides et plus générales du grand Descartes. Puisse cette citation dernière être utile à ceux qui auront prêté quelque attention à cette trop longue notice qui ne laisse à son auteur d'autre satisfaction que celle du devoir accompli.

Rouen, le 15 mai 1906.

www.ingramcontent.com/pod-product-compliance
Ingram Content Group UK Ltd.
Pitfield, Milton Keynes, MK11 3LW, UK
UKHW020958220726
13924UKWH00002B/759

9 782019 916992